AF276771

Un cuento mágico sobre las FALLAS

Begoña Valero   Martín Forés

EDITORIAL SARGANTANA

Un cuento mágico sobre las Fallas

© Del texto: Begoña Valero
© De las ilustraciones: Martín Forés
© De esta edición: Editorial Sargantana, 2025
Email: info@editorialsargantana.com
www.editorialsargantana.com

Primera edición: Febrero, 2025

Impreso en España

Los papeles que usamos son ecológicos, libres de cloro y proceden de bosques gestionados de manera eficiente.

ISBN: 978-84-10046-56-6
Depósito legal: V-54-2025

La historia de la fiesta de las Fallas se ve aquí reflejada en un relato emotivo que infunde importantes valores para los niños y jóvenes de nuestra sociedad, al transformarse en un fiel reflejo del comportamiento humano.

Esta tradicional fiesta de la Comunitat Valenciana se convierte, en esta historia, en un mecanismo de transmisión de la conducta que debemos potenciar en nuestros hijos. Desde la aceptación de lo que somos y el respeto a los demás hasta las aportaciones que podemos hacer a quienes nos rodean, incluso a través del cuidado del medio ambiente.

Una narración que, en forma de cuento, reúne los tres requisitos fundamentales de un relato: entretener, enseñar y conmover.

Bienvenidos a
Un cuento mágico sobre las Fallas.

1

Respirar durante unos minutos la brisa del mar, mientras disfrutaba de un cielo salpicado de nubes blancas, era el placer diario del joven Mauricio. Aquel día vio, en la lejanía, un grupo de veleros cruzando el horizonte. Dejó volar la imaginación para sentir que era él quien navegaba. El recuerdo atrajo a la memoria momentos del pasado, cuando compartía con su padre fallecido el arte de pescar. Este recuerdo le hizo llenar los pulmones y soplar con todas sus fuerzas. Después, deseó que los vientos favorables que salían de la boca hincharan las velas de las pequeñas embarcaciones para conducirlas a buen puerto.

Los niños adoraban a Mauricio. En cuanto lo vieron en la orilla del mar, se unieron a sus deseos de impulsar las nubes blancas hasta quedar sin aliento.

Las familias que buscaban una zona tranquila en la costa acudían allí para refrescarse y disfrutar del agua durante los días calurosos. Al anochecer, regresaban a los hogares para devolver la tranquilidad al maravilloso paraje. Si se observaba entonces el lugar, daba la sensación de que permanecía detenido en el tiempo.

2

Un pequeño taller de carpintería era el espacio donde transcurría la solitaria vida de Mauricio. Se encontraba situado junto al mar entre un reducido número de casas pintadas de bonitos colores, unido a la ciudad de Valencia. Cuando amanecía, se iluminaba con la suave luz del Mediterráneo. Un agradable olor a salitre y serrín impregnaba el ambiente del negocio.

Mauricio, desde muy niño, disfrutaba de la fiesta de San José en los pueblos próximos. Con el despertar de la primavera se quemaban impresionantes monumentos de madera y cartón. Los admiraba de tal forma que su mayor anhelo era crear el más bello y sorprendente que jamás nadie hubiera imaginado. Sabía que solo podía contar con la fantasía y la destreza de sus manos, porque nadie le encargaría a un pobre carpintero la realización de una obra de tanta importancia.

A pesar de ello, estaba decidido. Durante el siguiente año buscaría la manera de conseguir el objetivo, antes del 19 de marzo, el día de su santo patrón.

3

Día tras día, Mauricio fue acumulando la madera que le sobraba de los encargos. Pronto comenzó a construir con tablas un pequeño esqueleto. Debía servir de apoyo para sostener las figuras que ya se dibujaban en su pensamiento. El tiempo fue transcurriendo y la idea adquirió forma. No sería un monumento de grandes dimensiones, pero no le importaba, sería su obra maestra.

La escasez de dinero le obligaba a obtener los materiales que necesitaba con habilidad e ingenio. Así, para modelar las figuras que acompañarían el esqueleto, transformado en un sólido armazón, el artista buscaba tierra arcillosa en zonas próximas al pueblo. Luego, la amasaba hasta conseguir un barro muy fino para dar forma a su fantasía. Tras realizar el molde en escayola, lo rellenaba de cartón. Cuando estaba seco, lo separaba y lo pintaba para ofrecer la imagen definitiva. Los *ninots* surgían con una maravillosa perfección.

4

Mauricio comenzó a trabajar en la figura principal: un gran reloj antiguo de preciosos dibujos en azul intenso y oro, que coronaría el monumento. No solo era magnífico su aspecto, sino que daba la sensación de estar muy satisfecho consigo mismo. Representaba el tiempo, que para todo ser viviente tiene un principio y un fin.

Cuando el reloj estuvo terminado lo colocó en el centro del taller desde donde parecía observar cómo crecía el número de figuras de menor tamaño que lo rodeaban. Entre estas, se podía descubrir a una hermosa pareja de jóvenes de mirada cristalina, que transmitían un infinito amor. Se encontraban sentados a los pies del reloj, con las caras muy juntas, ajenos al paso de las horas.

En otro extremo, varias mujeres jóvenes realizaban un impresionante espectáculo al danzar en el aire, sujetas en telas, mientras un grupo de personas aplaudían a rabiar.

Un viejo reloj de arena también había conseguido abrirse paso entre los *ninots*. Pese a su humilde presencia, no estaba menos orgulloso de su función.

Con lentitud, surgían en la pequeña obra bonitas figuras que, día a día, la hacían crecer. El joven carpintero, convertido en artista, tuvo la brillante idea de ponerla en la puerta del taller que daba a la plaza. Estaba situada de tal forma que cualquier persona que pasase pudiera verla.

De pronto, ocurrió algo inesperado: el taller se convirtió en parada obligatoria para los habitantes del lugar. No se hablaba de otra cosa. Cada vez se acercaba más público, para ver cómo progresaba, qué nuevo personaje formaba parte del conjunto.

Era tan auténtica, tan real, que se llegó a rumorear que las figuras tenían vida propia. Incluso, los bañistas abandonaban la playa para disfrutar del acontecimiento. El propio Mauricio estaba tan impresionado con la obra que un día, al sonar las doce, creyó haber visto moverse la manecilla del enorme reloj que la presidía.

Algo extraño estaba sucediendo. Cuando se marchaba la gente y el artista apagaba la luz, los personajes de cartón cobraban vida. No era una vida que les permitiera moverse o desplazarse, sino la capacidad de pensar y hablar entre ellos. De manera que, cada uno, mostraba agrado con la figura que le había correspondido representar.

Sabían que la presencia en el monumento sería muy breve y que las llamas acabarían por devorarlos. Pero esta circunstancia no los entristecía, al contrario, conocían su función. Iban a servir de crítica durante su fugaz existencia a los defectos humanos. De forma que las personas, al verse reflejadas en ellos, pudieran mejorar el comportamiento. Y, el fuego, la fase final de sus vidas, los purificaría para elevarlos al cielo en forma de humo.

Todos aceptaban de buen grado el destino, excepto el vanidoso reloj. Consideraba un error que su grandeza y poder desaparecieran objeto de las llamas. Quería que lo indultaran para que todo el mundo pudiese admirarlo.

Su pretensión era absurda, jamás lo conseguiría, porque era la figura principal. Insultaba al viejo reloj de arena por su simpleza, aunque a este no le importaba. Era feliz marcando el tiempo a la pareja de enamorados, que trataban de superar los problemas con un afectuoso abrazo.

7

Mauricio, al fin, terminó la construcción. Con la ayuda del vecindario la situó en el centro de la plaza, justo enfrente de la carpintería que la había visto nacer.

El joven estaba muy orgulloso de su obra. Se asomaba a la puerta del taller, tan solo para mirarla. Entonces, tomó una decisión. Su meta en el futuro sería construir otras. Estaba decidido. Era lo que mayor placer le producía. Sin embargo, no podía comprender el origen de esa especie de soplo de vida que desprendían los *ninots* y atraía a la gente.

La fiesta continuaba entre el entusiasmo de los más pequeños, que querían conservar una figura que les recordara el monumento. Coincidieron en salvar del fuego al pulgoso perro de un mendigo, que con alegre desenfado sujetaba en la boca un recipiente, mientras solicitaba una moneda.

Al vanidoso reloj le corroía la envidia, pensaba que los chiquillos eran estúpidos, ¡cómo podían indultar a aquel saco de pulgas cuando había figuras más elegantes! Él mismo se consideraba la representación perfecta del trabajo bien hecho, con los dorados dibujos y las impecables manecillas. No lo podía comprender, por eso, odiaba a los niños.

8

La noche anterior a la fiesta principal, que debería culminar con la destrucción de los personajes de cartón por las llamas, empezó a cubrirse el cielo de nubes negras. Todo el mundo se marchó para resguardarse en sus casas de lo que preveían una enorme tormenta.

Las figuras empezaron a asustarse. No conocían la lluvia, pero habían oído decir al carpintero que el mayor enemigo del cartón era el agua. Podía destruirlos antes de que las llamas cumplieran su función.

El grupo de mujeres jóvenes que danzaban en el aire, sujetas en telas, estaban aterradas. Si el agua las humedecía, el fuego no podría prender y no cumplirían con la finalidad para la que habían sido creadas.

Pero Mauricio no iba a consentir que se estropeara su amada obra. Como no era de gran tamaño, la envolvió con plástico como si de un regalo se tratara y la ató en la parte superior por encima del reloj gordinflón.

Las nubes descargaron un río de gotas de lluvia, que resbalaban por la superficie del plástico que la cubría. Era como un impermeable para todos los *ninots*, menos para uno. Con tanta rapidez realizó Mauricio las maniobras para evitar que se mojaran, que quedó un agujero en la cabezota del enorme reloj. El chaparrón fue empapando, poco a poco, la gran esfera que marcaba las horas.

El resto de las figuras, a salvo del agua, lo compadecían. No obstante, él seguía muy orgulloso del privilegio de ser el centro el monumento, indiferente ante la humedad que iba calando su piel de cartón. En el fondo, pensaba que aquello le podía favorecer. Si se mojaba lo suficiente, no se quemaría. En ese caso, estaba seguro de que no salvarían al miserable «chucho», sino a él.

10

A la gente del lugar le pareció una noche interminable. Al fin, amaneció el día de San José con un deslumbrante sol. De nuevo, se descubrió el monumento para admiración del vecindario.

Habían conseguido permanecer indemnes todos los *ninots*, excepto el vanidoso reloj que, víctima de la lluvia, presentaba un aspecto lamentable. El agua había humedecido al cartón. Estaba tan hinchado que parecía que iba a reventar. Los preciosos colores dorados que lo cubrían el día anterior, ahora arrastrados por la lluvia,
resbalaban por la esfera y emborronaban las horas. Ya no podría nunca marcar el tiempo. Aunque esto tampoco le preocupaba, estaba seguro de que no se quemaría y los niños se compadecerían de él.

La noche llegó, entre los sonidos alegres de la fiesta y los fuegos de artificio que llenaron el cielo de colores. Los allí reunidos se miraban llenos de emoción. Era el momento esperado, la última carcasa lo anunciaba. Incluso muchos bañistas se habían quedado para disfrutar del espectáculo de las llamas, que en minutos abrazarían las figuras para reducirlas a cenizas.

11

Pocos instantes faltaban para que el fuego prendiera cuando una de las artistas, que danzaba en el aire en telas y llevaba una cinta roja en el pelo, empezó a dudar.

—¿Por qué tenemos que desaparecer? Somos jóvenes y bellas.

Esto provocó que se desataran las murmuraciones del resto de las compañeras, que veían acercarse, con angustia, al momento final.

El perro del mendigo, al que habían indultado para salvarlo de las llamas, trataba de tranquilizarlas.

—¿Cómo os podéis quejar de vuestra suerte cuando la vida os ha sonreído? Sois hermosas, alegres y hacéis disfrutar al mundo con el arte de vuestra danza aérea. Peor parte me ha tocado a mí.

Después, se dirigió a la artista de la cinta roja en el pelo para decirle con disgusto:

—Si pudiese intercambiar mi sitio por el tuyo, te aseguro que lo haría. Nos crearon juntos y hemos vivido semejantes vidas, pero cuando todos mis conocidos hayan desaparecido seguiré existiendo, aun a mi pesar. Vosotras, sin embargo, habréis cumplido vuestra función, mientras yo permaneceré en un oscuro lugar a la espera de que alguien quiera venir a visitarme.

12

Las compañeras de la artista que llevaba la cinta roja en el pelo se enfurecieron y empezaron a insultar al perro. Entonces, esta habló:

—Eres muy amable por tratar de consolarnos, pero tú has sido salvado del fuego. Vivirás para siempre en el museo y nosotras, muy pronto, solo seremos un lejano recuerdo.

El reloj de arena no había perdido detalle de la discusión que se mantenía a su lado, y no pudo callarse.

—¡No os comprendo! —dijo a las jóvenes artistas—. Soy un reloj que nació viejo. Nuestro creador así lo decidió, a pesar de hacerme al mismo tiempo que al resto. Por el contrario, a vosotras os hizo bellas. Deberíais estar contentas, aunque tan solo fuese por eso. Además, todos hemos tenido la suerte de ser visitados por una multitud de personas de todas las edades, que han gozado y aprendido con nuestros mensajes.

13

Tras observar que los *ninots* lo atendían interesados, el reloj de arena continuó:

—Vosotras sois admiradas por las acrobacias que hacéis en las telas y la gente se divierte con respeto. También, nuestro querido perro nos ha enseñado que hay que ser generoso con los demás. Él observará cómo nos quemamos, cumpliendo nuestra última función. Pero ¡no debe estar triste! Él verá sucesivas generaciones de figuras indultadas que le harán compañía en los próximos años. Os vuelvo a recordar que siempre he sido viejo, nunca hermoso. Aunque no he dejado pasar un día sin agradecer la ventura de haber existido. La vida tiene un tiempo, siempre breve, que no se puede desperdiciar discutiendo. La naturaleza nos ofrece lo que necesitamos para satisfacer nuestros sentidos. Los niños nos dan su inocente sonrisa a cambio de nada. Todo es bello, incluso lo feo y viejo como yo. Si deseáis ser felices, solo tenéis que ver la vida a través de mis ojos.

Las figuras enmudecieron avergonzadas de sus inútiles protestas. De todas formas, ya era demasiado tarde, el fuego había prendido. Muy pronto, su destino se cumpliría.

14

En otro extremo del monumento empezaba a prender la pareja de jóvenes enamorados. Sabían que era indiferente el material con el que estuvieran construidos, bien en cartón o convertidos en cenizas seguirían amándose de la misma manera. Cuando el fuego abrigó los cuerpos, el humo y unos pequeños pedazos ardiendo se elevaron en el cielo. Eran sus corazones que, unidos en forma de nube, el viento mecía para arrastrarlos hacia el infinito.

Prendía todo el monumento en la noche estrellada entre el goce de la gente. Solo la sensible alma de Mauricio lloraba emocionada. Había visto consumirse a la pareja y le parecía que las caras resplandecían de felicidad. También, observó al viejo reloj que relucía entre las llamas como si de auténtico oro se tratara. Creyó ver el último grano de arena caer antes de que el fuego lo cubriera.

¡Qué orgulloso se hubiese sentido su padre de estar presente en aquel momento! De hecho, lo estaba, en el interior de su corazón, viviendo en el recuerdo.

La fiesta había concluido. La gente se retiraba, dejando tras de sí un montón de residuos calientes.

15

Al día siguiente, cuando recogían los restos de una noche memorable, observaron que algo aparecía casi intacto debajo de las cenizas. Era el vanidoso reloj. Había conseguido, como deseaba, salvarse de la hoguera. Pero, hinchado, maltrecho y chamuscado, solo mereció la atención de una niña que, recogiéndolo en pedazos, lo introdujo en un contenedor para cartón.

Ahora sí que estaba triste el pobre reloj, metido en aquel recipiente en la más absoluta oscuridad, junto a un montón de cartones que lo aplastaban. Se arrepentía de la terrible soberbia que lo había condenado a aquel lugar y lloraba con desconsuelo.

Una caja acababa de ser depositada sobre sus restos. Al observar cómo sufría, le preguntó cuál era el motivo del disgusto. Cuando le contó su historia, la caja empezó a reír. El reloj quedó sorprendido por la reacción, mas ella continuó riendo a carcajadas. Cuando logró contenerse, le explicó la causa de su diversión.

La caja se sentía muy orgullosa de encontrarse allí. Las personas, después de utilizarla, no la destruían, sino que la reciclaban. De manera que podía vivir otra vida distinta al ser convertida en embalaje de mil y un objetos.

Los restos del reloj la escuchaban, boquiabiertos. Visto desde ese punto de vista no parecía tan mala la situación. Peor hubiese sido permanecer en el suelo maltrecho como estaba y expuesto a los caprichos de la lluvia y del viento. Pronto se hubiera deshecho en mil pedazos, sin quedar de él ni el más mínimo recuerdo.

16

A partir de ese momento empezó a disfrutar la posibilidad de una nueva vida. ¿En qué lo convertirían? ¿Qué nuevas sensaciones podría conocer? Con esta feliz visión del mundo, que le había transmitido la sonriente caja de cartón, comenzó su andadura entre variados embalajes.

La primera vez que lo utilizaron se sintió un poco extraño. Una prensa lo trituró para convertirlo en pasta que otra máquina ondulaba. Sin darse cuenta se encontró en una tienda protegiendo un precioso clarinete. Sabía lo poco que le iba a durar este empleo porque el instrumento de viento era bellísimo y muy barato. Seguro que, pronto, alguien lo adquiriría. Como así ocurrió. Un joven oriental que compró el clarinete se deshizo de la envoltura, depositándola en un contenedor. De esta manera, el reloj prosiguió el camino hacia otros destinos.

Le hubiese gustado que lo convirtieran en pasta de papel para formar parte de las hermosas páginas de un libro o de un cuento ilustrado. Debía ser maravilloso que alguien lo cogiera entre sus manos. Sin embargo, lo más próximo que consiguió acercarse a uno fue para protegerlo de posibles golpes. Y solo desde la librería hasta la destinataria, quien retiró el envoltorio para leerlo emocionada.

En esta ocasión, el reloj se impacientó mucho. Temía que el interés de la joven por la lectura le hubiese hecho olvidar la obligación de depositarlo en el contenedor correspondiente para ser reutilizado.

PAPEL Y CARTÓN

17

El asustado cartón nada debía temer de la adolescente. Era una muchacha que se preocupaba por la conservación de la naturaleza. Nunca tiraba ningún material que pudiera aprovechar. De manera que, después de varias horas de lectura, recogió la caja protectora del libro para colocarla con el resto de los cartones que tenía almacenados.

Transcurrió el tiempo y los restos del reloj llegaron a olvidar su origen. Estaba satisfecho siendo utilizado por las personas, una y otra vez. Para ser feliz ya no necesitaba ocupar el lugar más destacado. Tan solo haciendo más agradable la vida a los demás se sentía complacido.

Un día, que parecía no tener nada de especial, creyó recordar el lugar donde se encontraba. Montones de tablas se apilaban en una pared y se percibía en el ambiente un maravilloso olor a serrín.

Al fondo de la estancia, un viejo de barba blanca trabajaba en la realización de un molde y una mujer permanecía muy atenta a sus explicaciones.

—Hija mía, no estaré aquí siempre. —Le sonrió—. Pero me quedo tranquilo al saber que tú serás quien continuará este trabajo que durante años ha sido mi vida.

En aquel mismo instante el cartón lo reconoció: ¡Era Mauricio! El joven carpintero que lo creó se encontraba ante él. Se le cortó el aliento y a punto estuvo de llorar por la emoción. Sin saberlo había regresado a los orígenes. Volvería a ser un personaje en la obra de su amado autor.

18

Así ocurrió. En pocos días se repetía la experiencia vivida años atrás. Un monumento en la plaza del barrio era el centro de atención de niños y adultos. Un pequeño y simpático gusano que salía de una manzana era el *ninot* por todos alabado. De hecho, sería el personaje indultado el que se salvaría del fuego purificador para recuerdo de los habitantes del lugar. Había conseguido, con su viveza y autenticidad, ganarse el corazón de la gente.

Incluso el anciano artista, que vio cumplido el deseo de construir muchos monumentos y había comprendido que este sería su último trabajo, sintió renacer la sensación que le produjo su primera obra. Le conmovían los ojos de aquel diminuto animal. Lo que no podía imaginar era que el pequeño cuco lo había construido con los restos del vanidoso reloj, que tras años de transformaciones había regresado.

19

El monumento ardió en la noche estrellada, mientras la feliz oruga era conducida al museo. Allí reposaría, definitivamente, para recordar a los humanos que un simple gusano puede despertar ternura y admiración.

Para sorpresa suya, fue colocado al lado de un viejo conocido, el simpático perro pulgoso que pedía limosna. Al darse cuenta, la dicha fue completa. ¡Estarían juntos el resto de sus vidas!

Ya no añoraba el lugar de privilegio que le había correspondido cuando en sus orígenes fue reloj. Comprendió que cada uno debe disfrutar de su lugar en el mundo, sin ser cegado por la vanidad, tratando de hacer felices a los que le rodean.

De esta manera, obtuvo la mejor recompensa que se puede desear: el cariño y respeto de todo ser humano.

Mauricio, el anciano carpintero, que se encontraba muy fatigado, se sentó en el museo frente a su última creación para admirar la expresión alegre del diminuto animal. Había cumplido el deseo más anhelado y, por fin, podría descansar.

Con la luz del amanecer, el tranquilo sueño eterno lo abrazó para llevárselo con él. En aquel momento, algunas personas, que todavía disfrutaban de la fiesta, vieron una pequeña nube blanca que parecía un velero. Se dirigía hacia el horizonte. Dentro del barco creyeron adivinar a Mauricio sonriendo. Tal vez era él, que iba al encuentro de su padre.

EDITORIAL
SARGANTANA